AF546604

Genussmomente

BROT

EIN BUCH DER
EDITION MICHAEL FISCHER

INHALTS-VERZEICHNIS

GRUNDLAGEN

DIE WICHTIGSTEN ZUTATEN

MEHL

Mehl ist in den meisten Broten und Gebäckstücken die Basis und als wichtiger Bestandteil kaum wegzudenken. Am häufigsten wird dabei Weizenmehl Type 405 verwendet. Es hat sehr gute Backeigenschaften und ist überall erhältlich. Es kann auch 1:1 durch Dinkelmehl Type 630 ersetzt werden. Ebenfalls lässt sich gut mit jedem Vollkornmehl backen. Hier sollte man jedoch beachten: Je größer die Typezahl ist, desto gröber ist auch das Mehl. Zudem muss man mehr Flüssigkeit zu verwenden, da Vollkornmehle stärker binden und der Teig schneller fest wird.

HEFE

Hefe ist ein natürliches Backtriebmittel und wird in getrockneter oder frischer Form verwendet. Bei der Verarbeitung von Hefe muss die verwendete Flüssigkeit lauwarm sein. Meist kann ein frischer Hefewürfel (42 g) durch ein Tütchen Trockenhefe (7 g) ersetzt werden.

BACKPULVER

Als eine Mischung aus Natron und einem Säuerungsmittel wirkt Backpulver in Rührteigen als Backtriebmittel. Es lockert den Teig und erst im warmen Backofen wächst der Teig zur vollen Größe heran.

SAUERTEIG

Sauerteig wird bereits seit Jahrhunderten zum Brotbacken verwendet. Er lockert das Brot auf und bringt ein einzigartiges Aroma mit sich. Der aus Mehl, Wasser und natürlichen Bakterien und Hefekulturen bestehende Teig wird über Tage bei Raumtemperatur angesetzt und immer wieder gefüttert, d. h. es werden immer wieder Mehl und Wasser dazugegeben. Bei guter Fütterung kann ein Sauerteig immer weiter verwendet werden. Je länger er lebt, desto besser wird seine Backkraft und desto feiner sein Aroma.

VORTEIG

Bei vielen Rezepten wird ein Vorteig angesetzt. Dieser besteht hauptsächlich aus Hefe, Mehl und lauwarmer Flüssigkeit. Dadurch wird die Hefe aktiviert und hilft, den Gehprozess in Gang zu bringen. Der Teig wird zudem elastischer, lockerer und steigert sein Volumen.

BUTTER

Viele schwören auf den feinen Buttergeschmack für Backwaren. Alternativ kann auch Margarine 1:1 verwendet werden. Man muss jedoch beachten, dass Margarine weicher ist und dem Backwerk nicht dieselbe Stabilität wie Butter verleiht. Für die vegane Variante auf rein pflanzliche Margarine achten.

ÖL

Öl gilt als Geschmacksträger und wird häufig zur Verfeinerung des Aromas verwendet. Auch macht es den Hefeteig geschmeidiger. Bei feinen Backwaren lieber auf Raps- oder Sonnblumenöl zurückgreifen, bei herzhaften kann auch Oliven- oder Nussöl verwendet werden.

EIER

Eier werden immer, wenn nicht anders beschrieben, in der Größe M verwendet. Beim Trennen darauf achten, dass kein Eigelb ins Eiweiß gelangt, sonst wird dieses nicht steif. Eier immer bei Zimmertemperatur verarbeiten.

SALZ

Salz wird, egal ob süß oder herzhaft, in jedem Rezept verwendet. Auch nur eine Prise kann den Geschmack ausgewogener und intensiver gestalten. Da Salz in jeder Küche vorhanden sein sollte, wird es in den Zutatenlisten nicht mit einer Mengenangabe gelistet. Wenn nicht anders angegeben, wird normales Tafelsalz verwendet.

ZUCKER

Das süße Gold wird gerade beim Backen mit Hefe benötigt, da es der Hefe als Nahrung zum Arbeiten dient. Dabei kann die Art des Zuckers variieren: Neben weißem Zucker kann auch Rohrzucker, Honig oder Ahornsirup verwendet werden. Je nach Verwendung kann auch die Menge variieren.

GEWÜRZE

Um Brot einen gewissen Geschmack zu verleihen, sollten die wichtigsten Brotgewürze nicht fehlen. Neben Pfeffer spielen auch Kümmel, Kreuzkümmel, Paprikapulver oder Knoblauch, aber auch Zimt oder Nelken, eine große Rolle. Je nach Belieben kann hier gern ausprobiert werden.

NÜSSE, SAMEN UND KERNE

Ganz nach Geschmack können Nüsse und Kerne in das Brot eingebacken werden. Walnusskerne, Haselnusskerne, Pekannusskerne, Sesamsamen, Leinsamen, Kürbiskerne, Pistazienkerne, Pinienkerne oder Sonnenblumenkerne werden ganz oder gehackt verarbeitet. Nach Belieben können diese auch ausgetauscht oder gemischt werden.

GLUTENFREIE ALTERNATIVEN

Wer aufgrund einer Erkrankung auf glutenhaltige Lebensmittel verzichten muss, ist nicht gezwungen, auf saftiges Brot zu verzichten. Glutenfreie Mehlsorten wie Buchweizen, Hirse, Mais, Amarant, Quinoa oder Reis sind gute Alternativen zu Weizen und Co. Das Backverhalten ist jedoch meist unterschiedlich und nicht mit Weizenmehl zu vergleichen. Erhältlich sind glutenfreie Mehlsorten in Bio- und Naturkostläden, Reformhäusern sowie in gut sortierten Supermärkten.

TIPPS & TRICKS

1 Natron darf nur kurz unter einen Teig gerührt werden, sonst verliert es seine Wirkung. Teige mit Natron zügig in den Backofen schieben.

2 Auch Teige mit Backpulver sollten am besten sofort gebacken werden.

3 Idealerweise das Backblech gleich am Anfang vorbereiten, dann kann der Teig sofort nach der Zubereitung in den Ofen.

4 Backpapier schmiegt sich besser an Blech oder Form, wenn es vorher zusammenknüllt und dann wieder glatt gestrichen wird.

5 Etwa 5–10 Minuten vor Ende der Backzeit die Stäbchenprobe machen, denn jeder Ofen backt anders. Bleibt noch Teig am Stäbchen hängen, braucht der Kuchen noch etwas Zeit.

6 Hefeteig mag Wärme, aber keine Hitze. Die Hefe erst in lauwarmer Flüssigkeit auflösen, dann die restlichen Zutaten dazugeben und gründlich vermischen. Mit der Küchenmaschine oder den Händen 10 Minuten zu einem elastischen und glatten Teig kneten.

7 Den Hefeteig immer an einem warmen Ort gehen lassen – abgedeckt, denn Hefe mag keine Zugluft.

8 Frische Hefe hat mehr Triebkraft, aber mit Trockenhefe ist man auf der sicheren Seite.

9 Zum Backen eignen sich alle Mehle aus Roggen, Dinkel und Weizen. Weizenmehl besitzt jedoch die besseren Backeigenschaften, vor allem das Weizenauszugsmehl Type 405. Für Hefeteige eignet sich das Weizenmehl Type 550, ein backstarkes Mehl, besonders gut.

10 Wenn man Lust hat, die Rezepte zu variieren: Weizenmehl kann 1:1 gegen Dinkelmehl ausgetauscht werden.

11 Grundausstattung zum Backen:
- Messbecher
- digitale Küchenwaage
- Rührschüsseln
- Handrührgerät
- Schneebesen
- Teigschaber
- Teigrolle bzw. Nudelholz
- Zahnstocher für die Garprobe
- Backbleche und Backformen

10Kg
20Pfd
Freya

REZEPTE

FRANZÖSISCHES
Baguette

FÜR 3 BAGUETTES

- 400 g Mehl (Type 550)
- Salz
- 10 g frische Hefe

Außerdem

- Mehl zum Bestäuben
- Baguetteform (38,5 x 28 cm)

SO GEHT'S

1 Das Mehl mit 1 EL Salz in einer Schüssel mischen. Die Hefe in ein Schüsselchen bröseln und mit 20 ml lauwarmem Wasser verrühren. Ein paar Minuten stehen lassen. Nun die Hefemischung und 300 ml lauwarmes Wasser mit einer Gabel unter das Mehl mischen, bis alles gut verbunden ist. Nicht kneten und auch keine Küchenmaschine verwenden.

2 Die Schüssel mit Folie abdecken und 12–16 Stunden gehen lassen, bis sich eine blubbrige, klebrige Teigmasse gebildet hat.

3 Den Teig nun auf einer gut bemehlten Arbeitsfläche in 3 gleich große Teile teilen, dabei nicht mehr kneten. Aus den Teilen Baguettes formen und je nach Wunsch drehen und/oder spitz zulaufen lassen. Baguetteform mehlen und die Baguettes hineinlegen. Zugedeckt 30 Minuten gehen lassen. Im vorgeheizten Backofen bei 250 °C Ober-/Unterhitze (230 °C Umluft) goldbraun backen. Für eine schöne Kruste ein feuerfestes Schälchen mit Wasser unter das Blech mit in den Ofen stellen.

VOLLKORNBROT

Grundrezept

FÜR 1 KASTENFORM

- 1 Würfel Hefe (42 g)
- Salz
- 50 g Walnusskerne
- 500 g Vollkornmehl (z. B. Dinkel)
- 20 g Sonnenblumenkerne, plus ein paar zum Bestreuen
- 15 g Leinsamen
- 3 EL Chia-Samen

Außerdem

- Öl zum Einfetten

SO GEHT'S

1 350 ml lauwarmes Wasser mit Hefe und 1 TL Salz verrühren, bis sich die Hefe aufgelöst hat. Ungefähr 10 Minuten gehen lassen.

2 Die Walnusskerne allesamt grob hacken. Anschließend das Mehl mit Walnüssen, Sonnenblumenkernen, Leinsamen und Chia-Samen vermischen.

3 Nun die Hefemischung mit dem Mehl gut verkneten und in eine mit Öl eingefettete Backform füllen. Die Sonnenblumenkerne darüberstreuen und das Brot an einem warmen Ort, mit einem sauberen Geschirrtur abgedeckt, etwa 20 Minuten gehen lassen. In der Zwischenzeit den Ofen auf 200 °C Ober-/Unterhitze (180 °C Umluft) vorheizen.

4 Das Brot im heißen Ofen 50 Minuten backen. Anschließend aus dem Ofen nehmen und zunächst abkühlen lassen. Erst dann aus der Form stürzen.

TIPP

Schmeckt besonders lecker mit einem pikantem Aufstrich oder zu einem frischen Salat.

PUMPER-
nickel

FÜR 3 BROTE

Für den Sauerteig
- 300 g fein gemahlenes Roggenschrot
- Alternativ: Fertigsauerteig aus dem Reformhaus

Für den Pumpernickelteig
- 100 g Roggenkörner
- 170 g fein gemahlenes Roggenschrot
- 170 g mittelfein gemahlenes Roggenschrot
- 300 g Sauerteig (siehe oben)
- 10 g Salz
- 60 g Rübenkraut
- 75 g Sonnenblumenkerne

Außerdem
- Mehl zum Bestäuben
- Butter zum Einfetten
- 3 leere Konservendosen (à 400 ml)

SO GEHT'S

1 Für den Sauerteig das Roggenschrot in 4 Portionen teilen. 75 g mit 75 ml lauwarmem Wasser verrühren, abdecken, bei Raumtemperatur 1 Tag stehen lassen.

2 Am nächsten Tag weitere 75 g Roggenschrot und 75 ml lauwarmes Wasser hinzufügen, verrühren, abdecken und wieder 1 Tag stehen lassen. Dies zweimal wiederholen, evtl. Wasser hinzufügen. Nach weiteren 2 Tagen sollte sich ein grießbreiähnlicher, säuerlich riechender Teig mit Bläschen gebildet haben. An der Oberfläche ist der Teig grau und im Inneren hellbraun. Falls sich noch nichts getan hat, noch einmal 1 oder 2 Tage warten.

3 Am Abend die Roggenkörner mit 100 ml kochendem Wasser überbrühen und über Nacht quellen lassen. Am Backtag die eingeweichten Körner mit der dreifachen Menge Wasser etwa 1 Stunde köcheln lassen, dann abseihen. Die beiden Schrotsorten mit den restlichen Zutaten in einer Schüssel verkneten. Zu einer kompakten Kugel formen, mit Mehl bestäuben und zugedeckt 30 Minuten ruhen lassen. Die Dosen mit Butter einfetten.

4 Den Teig nochmals kräftig durchkneten, zu 3 passenden Rollen formen, in die Dosen geben und gut andrücken. Zugedeckt 1 Stunde ruhen lassen.

5 Den Backofen auf 150 °C Ober-/Unterhitze (130 °C Umluft) vorheizen. Die Teigoberfläche mit Wasser bestreichen und rundherum fest in Alufolie wickeln. Brote auf der untersten Schiene 14 Stunden backen. Nach der ersten Stunde die Temperatur auf 120 °C (110 °C Umluft) reduzieren. Nach dem Backen den Ofen ausschalten und die Brote noch 1 Stunde darin stehen lassen.

GEWÜRZBROT

mit Nussmüsli

FÜR 1 BROT

- 80 g Nussmüsli mit Haferflocken
- 80 ml Sahne
- 125 g Dinkelvollkornmehl (Type 1050)
- 125 g Dinkelmehl (Type 630)
- 1 EL Haferkleie
- 2 EL Quinoa
- Salz
- 1 TL gemahlener Zimt
- 1 TL gemahlener Ingwer
- 1 TL gemahlener Piment
- 10 g frische zimmerwarme Hefe
- 1 TL Rohrohrzucker
- 2 EL Ahornsirup
- 1 EL Honig
- 8 g Großblatt-Haferflocken
- 5 g Haselnussblättchen

SO GEHT'S

1 Das Müsli in der Sahne etwa 10 Minuten einweichen. In der Zwischenzeit die Mehlsorten, Haferkleie, Quinoa, ½ TL Salz und Gewürze in einer Schüssel vermischen.

2 Die Hefe mit Zucker und 60 ml lauwarmem Wasser verrühren. Den Hefemix, weitere 60 ml lauwarmes Wasser und den Ahornsirup nun zu den trockenen Zutaten geben und alles gut miteinander verkneten. Ist ein homogener Teig entstanden, diesen zurück in die Schüssel geben, mit Folie abdecken und über Nacht im Kühlschrank gehen lassen.

3 Am nächsten Tag den Teig auf Zimmertemperatur bringen, ein paar Minuten kneten und rund oder oval formen. Auf ein mit Backpapier ausgelegtes Blech legen und zugedeckt nochmals 30 Minuten gehen lassen.

4 Den Backofen auf 220 °C (Ober-/ Unterhitze) vorheizen. Den Honig in 1 TL heißem Wasser auflösen, das Brot damit bestreichen, mit den Haferflocken und Haselnüssen bestreuen und leicht andrücken. Im heißen Ofen 10 Minuten backen. Die Backtemperatur anschließend auf 190 °C verringern und weitere 30–40 Minuten backen.

ROGGEN-
vollkornbrot

FÜR 1 BROT

Für das Brühstück

- 20 g Roggenvollkornmehl (Type 1800)
- 100 ml Vollmilch

Für den Teig

- 100 ml Vollmilch
- 2 TL Trockenhefe
- 300 g Roggenvollkornmehl (Type 1800)
- 1 EL Vollrohrzucker (alternativ brauner Zucker)
- Salz
- 1 TL Kakaopulver
- 1 EL Melasse
- 1 Eiweiß (Größe M)
- 40 g weiche Butter
- 1 Eigelb (Größe M)

Außerdem

- Mehl zum Bestäuben
- Schmortopf mit Deckel aus Gusseisen oder Emaille
- 1 Handvoll Großblatt-Haferflocken

SO GEHT'S

1 Für das Brühstück Mehl und Milch verrühren und auf dem Herd ein paar Minuten erwärmen. Sobald es dampft, zügig vom Herd nehmen. Die Mischung darf nicht kochen. Beiseitestellen und für die weitere Verwendung erst vollständig auskühlen lassen.

2 Für den Teig zunächst die Milch leicht erwärmen und die Trockenhefe einrühren. Einige Minuten stehen lassen.

3 In einer Schüssel Mehl, Zucker, 1 TL Salz und Kakao vermischen. Nun die Hefemilch, das abgekühlte Brühstück, die Melasse und das Eiweiß hinzufügen und sorgfältig verkneten. Es geht auch mit dem Handrührer, ist aber mehr Arbeit. Sollte der Teig zu feucht sein, 1 TL Mehl hinzufügen und verkneten.

4 Nach und nach die Butter in den Teig einarbeiten und etwa 8–10 Minuten kneten. Der Teig sollte nun nicht mehr zu sehr an der Schüssel kleben bleiben. Den Teig mit einem Teigspachtel in eine bemehlte Form geben, mit Folie abdecken und über Nacht (am besten 10 Stunden) im Kühlschrank gehen lassen, bis er sich verdoppelt hat.

5 Am nächsten Morgen den Teig auf einer Arbeitsfläche mit den Händen durchkneten. Dafür wird kein Mehl benötigt. Den Teig zu einer Kugel formen und etwas flach drücken. Zugedeckt in einer mit Backpapier ausgelegten Backform an einem warmen Ort weitere 2 Stunden gehen lassen. Backofen auf 170 °C Ober-/Unterhitze (150 °C Umluft) vorheizen.

6 Eigelb mit etwas Wasser verrühren und die Teigoberfläche damit bestreichen. Nach Belieben mit Haferflocken verzieren und mit Mehl bestäuben. Im heißen Ofen 30–35 Minuten backen.

IRISCHES
Sodabrot

FÜR 1 BROT (CA. 15 SCHEIBEN)

- 300 g Dinkelvollkornmehl (Type 1050)
- 200 g Dinkelmehl (Type 630)
- 1 TL Natron
- 2 TL Salz
- 250 ml Buttermilch
- 150 ml Guinness-Bier

Außerdem

- Mehl zum Bestäuben
- Öl zum Einfetten
- Schmortopf mit Deckel aus Gusseisen oder Emaille

SO GEHT'S

1 In einer Rührschüssel alle Zutaten mit den Knethaken eines Handrührgerätes kurz zu einem Teig verarbeiten. Den Backofen mit dem Schmortopf und Deckel auf 200 °C (Ober-/Unterhitze) vorheizen. Der Topf sollte sehr heiß sein.

2 Den Teig auf einer bemehlten Fläche zu einer weichen Kugel formen. Den Schmortopf aus dem Ofen nehmen, vollständig bemehlen und den Teig vorsichtig hineingleiten lassen. Ein scharfes kleines Messer einölen und damit ein tiefes Kreuz in die Mitte des Teiges ritzen.

3 Schmortopf mit Deckel zudecken und zurück in den Ofen geben. Das Brot 20 Minuten mit Deckel backen. Dann den Deckel entfernen und weitere 10 Minuten ohne Deckel backen.

4 Kurz abkühlen lassen und das Brot aus dem Topf schlagen. Das Brot schmeckt am besten am Backtag. Mit frischer Kräuterbutter servieren.

HAFERFLOCKEN-
Toastbrot

FÜR 1 KASTENFORM

- 100 g Reis-Vollkornmehl
- 125 g Maismehl
- 225 g Kartoffelstärke
- 50 g Kleinblatt-Haferflocken
- 3 gestr. TL Xanthan Gum
- 50 ml Milch
- ½ Würfel Hefe (21 g)
- 1 TL Rohrohrzucker
- 1 EL weiche Butter
- Salz
- 2 Eier (Größe M)
- 1 EL Butter

SO GEHT'S

1 Reis-Vollkornmehl, Maismehl, Kartoffelstärke, Haferflocken und Xanthan in eine Schüssel geben und gut vermischen. Die Milch erwärmen, bis sie lauwarm ist. Mit 200 ml lauwarmem Wasser verrühren und die Hefe darin auflösen.

2 Eine Kastenform mit Backpapier auslegen. Die Hefemilch mit Rohrohrzucker, Butter, 1 TL Salz und Eiern zur Mehlmischung geben und alles mit den Knethaken des Handrührgeräts zu einem glatten Teig verarbeiten.

3 Den Teig in die Kastenform legen, mit Frischhaltefolie abdecken und an einem warmen Ort etwa 1 Stunde gehen lassen. Er sollte sein Volumen deutlich vergrößert haben.

4 Den Backofen auf 220 °C (Ober-/Unterhitze) vorheizen. Die Butter in einem Topf oder der Mikrowelle schmelzen, den Teig damit bestreichen und im heißen Ofen (Mitte) in 25–35 Minuten goldbraun backen. Am Ende der Backzeit die Stäbchenprobe machen. Das Brot herausnehmen, aus der Form lösen und auf einem Kuchengitter komplett auskühlen lassen.

TIPP

Das Toastbrot lässt sich, in Scheiben geschnitten, einfrieren und bei Bedarf im Toaster aufbacken.

ZWIEBEL-
Tomaten-Brot

FÜR 2 BROT-ZÖPFE

Für den Teig

- 600 g Mehl (Type 550)
- Salz
- Zucker
- 1 Würfel Hefe (42 g)
- 200 g Frischkäse

Für die Füllung

- 6 rote Zwiebeln (500 g)
- 100 g getrocknete Tomaten
- 125 g Butter
- 2–3 EL Tomatenmark

SO GEHT'S

1 Das Mehl mit je 2 TL Salz und Zucker in einer großen Schüssel vermengen. Die Hefe in 250 ml lauwarmes Wasser bröckeln, unter Rühren darin auflösen und zum Mehl gießen. Den Frischkäse hinzufügen und zu einem glatten Teig kneten. Zur Kugel formen und, mit einem Küchentuch bedeckt, rund 30–60 Minuten gehen lassen.

2 In der Zwischenzeit die Zwiebeln und Tomaten fein würfeln. 2 EL Butter in einer großen Pfanne erhitzen und die Gemüsewürfel darin bei mittlerer Hitze dünsten. Langsam mehr Butter hinzugeben, sodass Zwiebeln und Tomaten immer von flüssiger Butter umgeben sind. Das Tomatenmark zufügen und den Zwiebel-Tomaten-Mix bei kleiner bis mittlerer Hitze 20–25 Minuten in der geschlossenen Pfanne garen. Zwischendurch immer mal wieder gut umrühren.

3 Den Backofen auf 200 °C Ober-/Unterhitze (180 °C Umluft) vorheizen. Den Teig nun zu zwei großen, rechteckigen Teigfladen (etwa in der Größe des Backblechs) ausrollen, diese jeweils dünn mit der Zwiebel-Tomaten-Butter bestreichen. Die bestrichenen Teigfladen wie eine Teigschnecke aufrollen, die Enden gut andrücken. Die beiden Teigrollen längs von oben nach unten in zwei oder drei Stränge teilen und zu einem Zopf formen, die Enden wieder gut andrücken. Diesen Vorgang am besten gleich auf dem mit Backpapier belegten Blech durchführen, sodass die Teigzöpfe beim Umlegen auf das Backblech nicht kaputtgehen.

4 Die Brote im heißen Backofen rund 25 Minuten backen. Lauwarm abkühlen lassen, in Scheiben geschnitten frisch servieren.

MUFFIN-
brot

FÜR 12 STÜCK

- 3 Eiweiß (Größe M)
- 70 ml Rapsöl
- 20 g Leinmehl
- 60 g Mandelmehl
- Salz
- Sonnenblumen- oder Kürbiskerne (nach Belieben)
- 1 TL Backpulver

Außerdem

- Muffinblech
- Öl oder Butter zum Einfetten
- hitzebeständige Schale

SO GEHT'S

1 Den Backofen auf 170 °C Ober-/Unterhitze (150 °C Umluft) vorheizen. Ein Muffinblech mit Öl oder ein wenig Butter ausfetten.

2 Das Eiweiß mit dem Handrührgerät oder der Küchenmaschine steif schlagen. Das Rapsöl unterheben. Das geschieht am besten mit der Hand, damit die feinen Luftbläschen im Eiweiß nicht zerstört werden.

3 Leinmehl, Mandelmehl, 1 Prise Salz und nach Belieben ein paar Sonnenblumen- oder Kürbiskerne hinzufügen und – ebenfalls mit der Hand – unterheben. Zum Schluss noch das Backpulver unterziehen.

4 Die hitzebeständige Schale mit Wasser füllen und auf den Boden des Backofens stellen.

5 Den Teig in die gefetteten Formen füllen und anschließend im heißen Ofen (Mitte) ungefähr 30 Minuten backen.

6 Die Muffinbrote herausnehmen, auskühlen lassen oder noch warm servieren und genießen!

TIPP

Hier schnell arbeiten, damit die Luft nicht aus dem Teig entwischt!

KNÄCKE-
brot

FÜR CA. 25–30 RUNDE KNÄCKEBROTE

Für den Teig
- 100 g Großblatt-Haferflocken
- 25 g Sonnenblumenkerne
- 25 g Kürbiskerne
- 100 g Roggenvollkornmehl (Type 1800)
- 150 g Dinkelmehl (Type 630)
- 50 g helle Leinsamen
- Salz
- 1 Pck. Trockenhefe
- 2 EL Olivenöl

Für die Körnermischung
- 20 g Sesam
- 20 g schwarzer Sesam
- 20 g dunkle Leinsamen
- 20 g Kürbiskerne
- 20 g Sonnenblumenkerne

Außerdem
- runder Ausstecher, Ø 6,5 cm

SO GEHT'S

1 Haferflocken zusammen mit den Sonnenblumen- und den Kürbiskernen in der Küchenmaschine, je nach Geschmack, fein oder mittelfein mahlen.

2 Nun die Mehlsorten, die gemahlene Haferflocken-Mischung, Leinsamen, 3 TL Salz, die Trockenhefe und das Olivenöl in eine große Schüssel geben und 200 ml lauwarmes Wasser hinzufügen. Mit dem Knethaken eines Handrührgeräts gründlich zu einem elastischen Teig kneten.

3 Auf einer bemehlten Arbeitsfläche gut durchkneten, dabei etwas Mehl einarbeiten, falls der Teig zu feucht ist. Den Teig dritteln und jeweils auf einem mit Backpapier ausgelegten Backbleck dünn ausrollen. Den Ofen auf 170 °C Ober-/Unterhitze (150 °C Umluft) vorheizen.

4 Für die Körnermischung alle Samen und Kerne miteinander vermengen. Teigfladen jeweils mit etwas Wasser bepinseln und mit der Körnermischung bestreuen. Mit dem Nudelholz etwas andrücken. Die Teigfladen 15 Minuten im heißen Ofen backen. Dann herausnehmen, ausstechen oder in gewünschte Stücke schneiden. Weitere 35–40 Minuten backen, bis das Knäckebrot richtig kross ist.

10Kg
Freya

KOKOSNUSS-DATTEL-BROT

mit Zimt

FÜR 1 KASTEN-FORM

- 7 getrocknete Datteln
- 250 g Weizenvollkornmehl (Type 1050)
- 100 g Roggenvollkornmehl (Type 1800)
- 2 TL Trockenhefe
- 1 EL Roggensauerteig (optional)
- 1 EL Sonnenblumenöl
- 1 EL Agavendicksaft
- 3 TL Salz
- 2 TL gemahlener Zimt
- 50 g Kokosflocken
- 50 g Sonnenblumenkerne
- 30 g Leinsamen

Außerdem

- 3 EL Hanfsamen zum Ausstreuen

SO GEHT'S

1 Die Datteln entkernen und fein hacken. Mit den anderen Zutaten und 350 ml Wasser in eine Schüssel geben und mit den Knethaken eines Handrührgeräts oder einer Küchenmaschine 5 Minuten verkneten.

2 Eine Kastenform mit Backpapier auslegen. Boden der Form mit 1 ½ EL Hanfsamen bestreuen. Den Teig in die Form geben, glattstreichen und mit den restlichen Hanfsamen bestreuen. Den Teig abgedeckt 4 Stunden an einem warmen Ort gehen lassen.

3 Den Backofen auf 200 °C Ober-/Unterhitze (180 °C Umluft) vorheizen.

4 Das Brot im heißen Ofen (Mitte) 45 Minuten backen. Das Brot herausnehmen, aus der Form auf ein mit Backpapier ausgelegtes Backbleck stürzen und in 10–15 Minuten fertig backen. Das Brot auf einem Kuchengitter vollständig abkühlen lassen, erst dann anschneiden.

„NO-KNEAD“ Walnussbrot

FÜR 1 BROT (CA. 15 SCHEIBEN)

- 200 g Mehl (Type 405)
- 100 g Weizenvollkornmehl (Type 1800)
- 1 TL Trockenhefe
- ½ EL Rohrzucker
- 40 g Avocadoöl
- 2 TL Backmalz (nach Belieben)
- 1 ½ TL Salz
- 60 g gehackte Walnusskerne, geröstet

Außerdem

- Schmortopf mit Deckel aus Gusseisen oder Emaille

SO GEHT'S

1 Alle Zutaten bis auf die Walnusskerne mit den Knethaken eines Handrührgeräts 10 Minuten auf niedriger bis mittlerer Stufe zu einem homogenen, klebrigen Teig verarbeiten. Die Rührschüssel abdecken und den Teig über Nacht (10–12 Stunden) im Kühlschrank ruhen lassen.

2 Die Schüssel aus dem Kühlschrank nehmen. Walnusskerne zum Teig geben und mit einem Spatel einarbeiten. Die Schüssel erneut abdecken und den Teig abgedeckt 1 Stunde an einen warmen Ort gehen lassen.

3 Den Teig auf eine leicht bemehlte Arbeitsfläche stürzen und mit bemehlten Händen zu einer Kugel formen. Anschließend auf ein Stück Backpapier legen und mit der Schüssel abdecken. Nochmals 30 Minuten ruhen lassen.

4 Den Backofen auf 260 °C Ober-/Unterhitze (240 °C Umluft) vorheizen. Einen ofenfesten großen Topf mit Deckel in den Backofen stellen und mit vorheizen.

5 Den heißen Topf aus dem Backofen nehmen und vorsichtig das Backpapier mit dem Brot hineingeben. Deckel aufsetzen und den Topf im Backofen auf die mittlere Schiene einschieben.

6 Die Temperatur auf 230 °C Ober-/Unterhitze (210 °C Umluft) reduzieren und das Brot 30 Minuten backen. Den Deckel entfernen und das Brot 15 Minuten weiterbacken, bis es bräunt. Das Brot auf einem Kuchengitter vollständig abkühlen lassen.

DINKELBROT MIT
Banane und Buttermilch

FÜR 1 KASTEN-FORM (25 CM)

- 150 g Rohrohrzucker
- 2 Eier (Größe L)
- 120 g weiche Butter
- 130 g Dinkelmehl (Type 630)
- 100 g Dinkelvollkornmehl (Type 1050)
- 1 TL Backpulver
- Salz
- 1 TL gemahlener Zimt
- 3 reife Bananen
- 125 ml Buttermilch
- 70 g Pekannusskerne (alternativ Walnusskerne)
- 2 EL Ahornsirup

Außerdem

- Butter zum Einfetten

SO GEHT'S

1 Den Backofen auf 200 °C Ober-/Unterhitze (180 °C Umluft) vorheizen. Die Kastenform ausfetten.

2 In einer Schüssel Zucker und Eier schaumig schlagen. Die Butter zugeben und verrühren. In einer weiteren Schüssel Mehle, Backpulver, 1 Prise Salz und Zimt vermischen. Die Bananen schälen. Eine Banane längs halbieren, zum Garnieren beiseitelegen. Die restlichen Bananen grob zerkleinern.

3 Die Mehlmischung abwechselnd mit den Bananen zu der Eiermasse geben. Die Buttermilch zufügen und alles gut verrühren. Die Pekannusskerne grob hacken und unter der Teig heben (alternativ die ganzen Hälften auflegen).

4 Den Teig in die Backform füllen und mit den Bananenhälften (Innenseite nach oben) belegen. Den Ahornsirup darüberträufeln und das Brot im heißen Ofen (Mitte) 50–55 Minuten backen. Nach einer Stäbchenprobe herausholen, etwa 10 Minuten in der Form ruhen lassen. Dann vorsichtig aus der Form lösen und abkühlen lassen.

OLIVENÖL-BRIOCHE

mit Cashewdrink

FÜR 1 KASTEN-FORM (30 CM)

- 380 g Mehl (Type 405)
- 80 ml ungesüßter Cashewdrink
- 1 ½ TL Trockenhefe
- 230 ml Aquafaba (s. Tipp)
- 50 g Zucker
- 1 EL Backmalz
- Salz
- 150 ml Olivenöl

Außerdem

- Mehl zum Bestäuben
- Olivenöl für die Backform, zum Arbeiten und Bestreichen

SO GEHT'S

1 Mehl, Cashewdrink, Trockenhefe, Aquafaba, Zucker, Backmalz und 2 TL Salz in eine Schüssel geben und mit den Knethaken eines Handrührgeräts 2 Minuten verkneten. 2 EL Olivenöl dazugeben und weiterkneten. Sobald das Olivenöl im Teig vollständig eingearbeitet ist, weitere 2 EL Olivenöl unterkneten. Vorgang so lange wiederholen, bis das gesamte Öl aufgebraucht ist

2 Den Teig abgedeckt in der Schüssel an einem warmen Ort 10–12 Stunden gehen lassen. Dann 1 Stunde in den Kühlschrank stellen. Eine Kastenform mit etwas Olivenöl ausstreichen und mit 1 EL Mehl ausstäuben.

3 Die Arbeitsfläche sowie die Hände mit extra Olivenöl einfetten. Den Teig auf die Arbeitsfläche stürzen und in vier Portionen teilen. Jede Portion zur Kugel formen und sie nebeneinander in die vorbereitete Backform geben. Backform abdecken und den Teig an einem warmen Ort 1–1 ½ Stunden gehen lassen, bis sich sein Volumen verdoppelt hat.

4 Nach 1 Stunde Gehzeit den Backofen auf 190 °C Ober-/Unterhitze (170 °C Umluft) vorheizen.

5 Brioche-Teig mit Olivenöl bestreichen und im heißen Backofen (Mitte) in 30 Minuten goldgelb backen. Brioche aus dem Ofen nehmen, nochmals mit etwas Olivenöl bestreichen und vor dem Anschneiden vollständig abkühlen lassen.

TIPP

Mit Aquafaba ist das Einweichwasser von Kichererbsen oder Bohnen gemeint, das du einfach auffangen kannst.

KRÄUTERPESTO-
Brotring

FÜR 1 SPRINGFORM MIT LOCH (Ø 24 CM)

Für den Teig
- 500 g Dinkelmehl (Type 630), plus 40 g zum Kneten
- Salz
- ½ TL Trockenhefe
- ½ TL Zucker
- ½ TL Olivenöl

Für das Pesto
- 20 g frische Petersilie
- 20 g frischer Basilikum
- 20 g Parmesan
- 1 Knoblauchzehe
- 20 g Pinienkerne
- 3 EL Olivenöl

Außerdem
- Öl zum Einfetten

SO GEHT'S

1 Mehl, 1 TL Salz, Hefe und Zucker in einer großen Schüssel vermischen. 260 ml lauwarmes Wasser hinzufügen und mit den Knethaken eines Handrührgeräts etwas verkneten. Das Olivenöl dazugeben und alles zu einer homogenen Masse verarbeiten. Auf einer bemehlten Arbeitsfläche einige Minuten mit den Händen kneten, dabei etwas Mehl hinzufügen, falls der Teig zu klebrig wird. Den Teig mit einem sauberen Geschirrtuch abgedeckt an einem warmen Ort 1 ½ Stunden gehen lassen.

2 In der Zwischenzeit das Pesto zubereiten. Dazu Petersilien- und Basilikumblätter waschen, trocken tupfen und in einen hohen Rührbecher geben. Parmesan reiben, Knoblauch schälen und zusammen mit den Pinienkernen und dem Olivenöl zu den Kräutern geben. Mit einem Stabmixer zu einem Pesto pürieren.

3 Nun den Teig noch einmal kurz durchkneten, das Pesto gut einarbeiten und daraus ca. 12 Kugeln formen. Die Springform gut einfetten und die Kugeln nebeneinander rundherum in die Form setzen. Die Form abdecken und den Teig nochmals an einem warmen Ort 30 Minuten gehen lassen. Währenddessen den Backofen auf 190 °C Ober-/Unterhitze (170 °C Umluft) vorheizen. Im heißen Ofen für 50–55 Minuten backen und am besten noch warm servieren.

PIZZA-ZUPFBROT

mit Salami

FÜR 1 KASTENFORM (30 CM)

- ½ Würfel Hefe (21 g) (oder 1 Pck. Trockenhefe)
- 350 g Mehl (Type 405)
- Salz
- 1 TL getrockneter Oregano (nach Belieben)
- 2 EL Olivenöl
- 150 g Tomatensauce
- 120 g geriebener Emmentaler Käse
- 250 g scharfe (Paprika-) Salami in Scheiben

Außerdem

- Mehl zum Bestäuben
- Olivenöl oder Butter zum Einfetten

SO GEHT'S

1 Die Hefe zerbröckeln, mit 100 ml lauwarmem Wasser verrühren und 5–10 Minuten stehen lassen. Mehl in einer Rührschüssel mit 1 TL Salz mischen, nach Belieben Oregano hinzufügen und eine Mulde eindrücken. Den Hefeansatz in die Mulde gießen, weitere 120 ml lauwarmes Wasser und Olivenöl zugießen und alles etwa 5 Minuten auf kleiner Stufe, dann auf höchster Stufe weitere 5–10 Minuten kneten, bis der Teig weich und elastisch ist.

2 Den Teig zur Kugel rollen und in eine große, leicht bemehlte Plastikschüssel legen, abdecken und an einem warmen Ort ungefähr 1 Stunde gehen lassen, bis der Teig sein Volumen verdoppelt hat.

3 Eine Kastenform mit etwas Öl oder Butter einfetten. Den Teig knapp 1 cm dick rechteckig ausrollen und mit der Tomatensauce bestreichen. Den Käse gleichmäßig darüberstreuen. Den belegten Teig in zur Form passend große Quadrate schneiden. Auf jedes dieser Quadrate 1 Scheibe Salami legen.

4 Jeweils 4–5 Teigquadrate zu kleinen Stapeln setzen. Die Stapel aufrecht aufeinander in die Form setzen – dabei darf zwischen den Teigquadraten etwas Platz sein, der Teig geht noch kräftig auf. Zugedeckt an einem warmen Ort 30 Minuten gehen lassen.

5 Den Backofen auf 180 °C Ober-/Unterhitze (Umluft 160 °C) vorheizen. Den Teig auf mittlerer Schiene in 30–35 Minuten goldbraun und knusprig backen. Das Zupfbrot herausnehmen und auf einem Kuchengitter leicht abkühlen lassen. Dann aus der Form stürzen, etwas abkühlen lassen und servieren.

INDISCHER *Papadam*

FÜR 6–7 FLADEN

- 200 g Kichererbsenmehl
- 1 TL grob gemahlener Pfeffer
- 1 TL gemahlener Kreuzkümmel
- ½ TL gemahlener Koriander
- Salz
- 1 Knoblauchzehe

Außerdem

- Öl zum Bestreichen des Backpapiers

SO GEHT'S

1 Mehl, Pfeffer, Kreuzkümmel, Koriander und 1 TL Salz in einer Schüssel vermischen. Die Knoblauchzehe schälen, pressen und hinzufügen. Nach und nach 90 ml Wasser langsam zugießen und verkneten – erst mit den Knethaken des Handrührgeräts, dann mit den Händen.

2 Den Teig zu einer 5 cm dicken Rolle formen und etwa 1 cm breite Scheiben schneiden. Die Teigstücke auf ein eingeöltes, halbiertes Backpapier legen, mit einem weiteren eingeölten, halbierten Backpapier belegen und mit einem Nudelholz sehr dünn (1–2 mm) ausrollen.

3 Die Fladen nicht mehr vom Backpapier nehmen, da sie zerreißen können. Am besten auf dem jeweiligen Backpapierstück auf das Backblech legen und im heißen Ofen backen. Dafür den Backofen auf 170 °C Ober-/Unterhitze (150 °C Umluft) vorheizen und die Fladen portionsweise 15–18 Minuten backen, bis sie goldgelb sind.

DINKEL-FOCACCIA

mit Oliven und Tomaten

FÜR 8 STÜCK

Für den Teig
- 400 g Mehl (Type 405)
- 600 g Dinkelvollkornmehl (Type 1050)
- Salz
- 1 Würfel Hefe (42 g)
- 100 ml Olivenöl
- 3 EL Honig

Für den Belag
- 24 Kirschtomaten (ca. 250 g)
- 4 Stängel Basilikum
- 80 g schwarze Oliven (entsteint)
- grobes Meersalz
- Pfeffer

Außerdem
- Mehl für die Arbeitsfläche
- Olivenöl für die Schüssel und zum Beträufeln

SO GEHT'S

1 In einer Schüssel beide Mehlsorten mit 3 TL Salz mischen und in die Mitte eine tiefe Mulde drücken. Die Hefe in eine Schüssel bröckeln und 600 ml warmes Wasser zufügen. Öl und Honig dazugeben und alles verrühren, bis sich die Hefe aufgelöst hat. Die Hefemischung in die Mulde gießen und langsam nach und nach das Mehl vom Rand mit der Flüssigkeit verrühren.

2 Alles zu einem kompakten Teig verarbeiten und auf der leicht bemehlten Arbeitsfläche etwa 5 Minuten kräftig durchkneten. Den Teig in einer mit etwas Öl ausgestrichenen Schüssel zugedeckt an einem warmen Ort etwa 45 Minuten gehen lassen.

3 Den Backofen auf 220 °C Ober-/Unterhitze (200 °C Umluft) vorheizen. Zwei Backbleche mit Backpapier auslegen. Den Teig achteln und jeweils auf der leicht bemehlten Arbeitsfläche zu einem flachen Fladen formen. Nebeneinander auf die Bleche legen und zugedeckt nochmals 30 Minuten gehen lassen.

4 Inzwischen die Tomaten waschen und je nach Größe halbieren. Den Basilikum waschen, trocken schütteln und die Blätter abzupfen. Die Teigfladen mit einer Gabel mehrmals einstechen, mit Tomaten und Oliven belegen und diese leicht andrücken. Mit Öl beträufeln und mit Meersalz und Pfeffer würzen. Die Focacce im heißen Ofen (Mitte) 8–10 Minuten backen. Mit Basilikum bestreut servieren.

TIPP

Du kannst die Focacce schon am Vorabend backen, denn die Teigfladen halten sich wunderbar bis zum nächsten Tag.

VEGETARISCHE
pikante Schnitte

FÜR 10 STÜCK

- 50 g Butter
- 1 Zwiebel
- 1 gelbe Paprika
- 1 rote Paprika
- Öl zum Braten
- 1 Ei (Größe M)
- 200 g Joghurt
- 150 g Leinmehl
- Salz
- 2 TL Pfeffer
- 1 Knoblauchzehe
- 1 TL Backpulver
- Sesam (nach Belieben)

Außerdem

- rechteckige Backform (25 x 35 cm)
- Butter zum Einfetten

SO GEHT'S

1 Den Backofen auf 180 °C Ober-/Unterhitze (160 °C Umluft) vorheizen. Die Backform ausfetten.

2 Die Butter zerlassen und etwa auf Raumtemperatur abkühlen lassen. Die Zwiebel schälen und klein hacken. Die beiden Paprika halbieren, entkernen, waschen und in kleine Würfel schneiden.

3 In einer Pfanne etwas Öl erhitzen, Paprika und Zwiebeln darin bei niedriger bis mittlerer Hitze anbraten, bis die Zwiebeln glasig werden. Vom Herd nehmen und in eine Schüssel geben.

4 Ei und Joghurt zu den Zwiebeln geben, die zerlassene Butter hinzufügen und alles miteinander verrühren.

5 Leinmehl, 1 TL Salz und Pfeffer hinzufügen. Die Knoblauchzehe schälen und zum Mehl pressen. Nun noch das Backpulver hinzugeben und alles gut vermischen.

6 Den Teig in die Backform füllen, nach Belieben mit Sesam bestreuen und im heißen Ofen (Mitte) 20–25 Minuten backen. Herausnehmen, kurz abkühlen lassen und servieren.

TIPP

Schmeckt auch kalt sehr gut oder noch besser mit einem cremigen Joghurt-Dip!

WALNUSS-
Karamell-Bananenbrot

FÜR 1 KASTENFORM (23 CM)

- 225 g Mehl (Type 550)
- 2 TL Backpulver
- ½ TL Natron
- Salz
- 130 g Walnusskerne
- 100 g weiche Sahnekaramellbonbons
- 75 g weiche Butter
- 150 g Zucker
- 2 Eier (Größe M)
- 2–3 reife Bananen
- 2 EL Milch

Außerdem

- Butter zum Einfetten

SO GEHT'S

1 Den Backofen auf 175 °C Ober-/Unterhitze (155 °C Umluft) vorheizen. Mehl, Backpulver, Natron und ½ TL Salz mischen. Walnüsse grob hacken und die Karamellbonbons würfeln.

2 Butter und Zucker in einer großen Schüssel auf höchster Stufe hell und luftig aufschlagen. Die Eier einzeln zugeben und jeweils gut unterrühren. Die Bananen zerdrücken und mit der Milch zugeben; alles gut verrühren. Die Mehlmischung nur kurz unterrühren, dann etwa zwei Drittel der Walnüsse und die Karamellbonbons unterheben.

3 Den Teig in eine gefettete Kastenform füllen und die restlichen Nüsse darauf verteilen.

4 Im heißen Ofen für 55–60 Minuten backen. Mit einem Zahnstocher eine Stäbchenprobe machen. Etwa 10 Minuten in der Form abkühlen lassen, dann herausnehmen und das Bananenbrot auf einem Kuchengitter komplett auskühlen lassen.

ZARTE
Brioche

FÜR 1 KASTENFORM (25 CM)

- 500 g Mehl (Type 405), plus 20 g zum Bearbeiten
- Salz
- ½ Würfel Hefe (21 g)
- 2 EL Rohrohrzucker
- 150 ml lauwarme Milch
- 150 g Butter
- 2 Eier (Größe M)
- 1 Eigelb (Größe M)
- 1 EL Milch

Außerdem

- Butter zum Einfetten
- Mehl zum Bestäuben

SO GEHT'S

1 Mehl mit ½ TL Salz vermischen. Hefe in eine kleine Schüssel bröseln und mit Zucker und lauwarmer Milch gut verrühren.

2 Butter schmelzen und mit den beiden Eiern verquirlen. Hefemischung und Butter-Ei-Mischung zum Mehl geben und mit den Knethaken des Handrührgeräts zu einem elastischen Teig verarbeiten. Zugedeckt an einem warmen Ort 1 Stunde gehen lassen.

3 Kastenform mit Butter einfetten und mit Mehl ausstäuben. Den Teig auf eine bemehlte Fläche geben, gut durchkneten, den Teig zu 3 großen Kugeln formen und dicht nebeneinander in die Form setzen. Den Teig zudecken und nochmals 30 Minuten an einem warmen Ort gehen lassen.

4 Nun den Backofen auf 180 °C Ober-/Unterhitze (160 °C Umluft) vorheizen. Eigelb mit Milch verquirlen und den Teig damit bepinseln. Etwa 40 Minuten goldbraun backen.

ZUPFBROT MIT *Pekannüssen und Zimt*

FÜR 1 KASTENFORM (30 CM)

Für den Teig

- 390 g Mehl (Type 405)
- 3 TL Trockenhefe
- 50 g Zucker
- Salz
- 110 g Butter
- 120 ml Milch
- 1 TL Vanilleextrakt
- 2 Eier (Größe M)

Für die Füllung

- 60 g Pekannusskerne
- 2 EL Butter
- 2 EL Ahornsirup
- 200 g Zucker
- 2 TL Zimt

Außerdem

- Öl für die Schüssel
- Butter zum Einfetten
- Mehl zum Bestäuben

SO GEHT'S

1 Das Mehl mit Hefe, Zucker und ½ TL Salz in einer großen Schüssel mischen. Butter mit Milch erwärmen, bis sie geschmolzen ist. Mit 1 EL Wasser und Vanilleextrakt mischen und etwa auf Handwärme abkühlen lassen, dann zusammen mit den Eiern zur Mehlmischung geben und alles zu einem glatten Teig verarbeiten. Der Teig sollte klebrig, aber nicht feucht sein; wenn nötig, etwas Mehl dazugeben. Eine große Schüssel einölen, den Teig hineinlegen und abgedeckt 1–1 ½ Stunden an einem warmen Ort gehen lassen.

2 Während der Teig geht, die Füllung vorbereiten. Dafür den Backofen auf 175 °C Ober-/Unterhitze (155 °C Umluft) vorheizen. Die Nüsse auf einem mit Backpapier ausgelegten Backblech verteilen und 5–8 Minuten rösten. Aus dem Ofen nehmen und abkühlen lassen, dann grob hacken. Die Butter schmelzen und mit dem Ahornsirup verrühren. Zucker und Zimt mischen.

3 Die Kastenform einfetten und mit Mehl ausstäuben. Den Teig auf einer gut bemehlten Arbeitsfläche noch einmal kurz durchkneten. Zu einem Rechteck von 30 x 50 cm ausrollen. Den Teig mit der Butter-Sirup-Mischung bestreichen, mit Zucker und Zimt bestreuen und die gehackten Pekannüsse gleichmäßig darauf verteilen. Den Teig in sechs Streifen von jeweils 8 x 30 cm schneiden und diese noch einmal in fünf gleiche Rechtecke teilen. Diese Teigportionen jetzt hochkant in die Kastenform schichten und abgedeckt noch mal 30 Minuten gehen lassen.

4 Den Backofen auf 175 °C Ober-/Unterhitze (155 °C Umluft) vorheizen. Das Zupfbrot auf mittlerer Schiene 30–35 Minuten goldbraun backen. Aus dem Ofen nehmen und abkühlen lassen. Lauwarm oder kalt servieren.

BUTTERMILCH-BRÖTCHEN

mit Safran

FÜR 5–6 STÜCK

- 550 g Weizenvollkornmehl (Type 1800)
- Salz
- 200 g Kleinblatt-Haferflocken
- ½ Würfel Hefe (21 g)
- 1½ EL Zucker
- 6 Fäden Safran
- 500 ml zimmerwarme Buttermilch
- 1 TL Natron
- 1 Ei (Größe M)

Außerdem

- Butter für Förmchen
- 2 EL Hagelzucker

SO GEHT'S

1 Das Mehl mit ½ TL Salz mischen. Haferflocken fein mahlen und dazugeben. Die Hefe in eine kleine Schüssel bröseln und mit 1 EL Zucker und 3 EL lauwarmem Wasser verrühren. Gehen lassen.

2 In der Zwischenzeit die Safranfäden mit 1 TL Zucker in einem Mörser mahlen und dann mit 2 EL der Buttermilch verrühren, damit der Safran sich auflöst.

3 Nun die Hefemischung und den Safranzucker mit dem Natron zur Mehlmischung geben und vermischen.

4 Die restliche Buttermilch und das Ei zu der Mehlmischung geben und mit einer Gabel verkneten. Sollte der Teig zu feucht sein, etwas Mehl hinzufügen. Sollte er zu trocken sein, etwas Buttermilch bereithalten.

5 Brötchen je nach Wunschgröße formen und auf ein mit Backpapier belegtes Backblech legen oder in kleine gefettete Förmchen geben. Backofen auf 220 °C Ober-/Unterhitze (200 °C Umluft) vorheizen. Die Brötchen mit Butter bepinseln, mit Hagelzucker bestreuen und ca. 15 Minuten goldgelb backen.
Warm servieren.

APFEL-ZIMT-
Brot

FÜR 1 KASTENFORM (25 CM)

Für den Teig

- 500 g Äpfel, plus 1 Apfel für den Belag
- 1 Pck. Backpulver
- 2 EL gemahlener Zimt
- 2 Prisen Salz
- 4 Eier (Größe M)
- 50 ml geschmolzenes Kokosöl (alternativ Rapsöl)
- 320 g Dinkelvollkornmehl (Type 1050)
- 140 g Kokosblütenzucker (alternativ Rohrohrzucker)

Außerdem

- Öl zum Einfetten
- Kokosblütenzucker (alternativ Rohrohrzucker) zum Bestreuen

SO GEHT'S

1 Den Backofen auf 180 °C Ober-/Unterhitze (160 °C Umluft) vorheizen. Die Kastenform mit etwas Öl einfetten.

2 Die Äpfel waschen, raspeln und mit den restlichen Zutaten in einer Schüssel vermengen und einige Minuten gut verrühren. Den Teig gleichmäßig in die vorbereitete Kastenform einfüllen und die Oberfläche glattstreichen.

3 Den ganzen Apfel waschen und in Scheiben schneiden; diese in der Mitte auf dem Teig anordnen (Kerngehäuse und Schale können, müssen zuvor aber nicht entfernt werden). Die Oberfläche mit etwas Kokosblütenzucker bestreuen.

4 Das Apfel-Zimt-Brot etwa 1½ Stunden im heißen Ofen (Mitte) backen. Nach 50–60 Minuten Backzeit das Brot mit Alufolie abdecken, damit die Oberfläche nicht zu dunkel wird.

5 Eine Stäbchenprobe machen, um sicherzugehen, dass der Kuchen durchgebacken ist, andernfalls den Kuchen noch einige Minuten weiterbacken. Dann gut auskühlen lassen.

NUSSIGE Roggen-Bagels

FÜR 6 STÜCK

- 180 g Roggenvollkornmehl (Type 1800)
- 180 g Dinkelmehl (Type 630)
- 2 ½ TL Trockenhefe
- Salz
- 1 TL Rohrohrzucker
- 2 TL Melasse
- 50 g getrocknete Zwetschgen
- 40 g Haselnusskerne
- 1 TL Backpulver

Außerdem

- Mehl für die Arbeitsfläche
- Öl zum Einfetten
- 1 Eigelb (Größe M)
- 20 g Großblatt-Haferflocken

SO GEHT'S

1 Die beiden Mehlsorten zusammen mit der Trockenhefe, 1 TL Salz und dem Zucker in einer Rührschüssel mischen. 1 TL Melasse und 240 ml lauwarmes Wasser hinzufügen und mit den Knethaken eines Handrührgeräts zu einem Teig verarbeiten. Sollte der Teig zu feucht sein, etwas mehr Mehl zufügen.

2 Auf einer bemehlten Arbeitsfläche erneut ca. 5 Minuten kneten. In eine leicht geölte Schüssel geben und zugedeckt 1 Stunde gehen lassen.

3 Nun den Teig erneut auf einer bemehlten Fläche kneten. Die getrockneten Zwetschgen klein schneiden und mit den Haselnüssen gut in den Teig einarbeiten.

4 Den Teig in 6 Teile teilen, Kugeln formen und mit einem Kochlöffel in der Mitte ein ca. 2 cm großes Loch bohren. Die Teigkugeln auf ein mit Backpapier ausgelegtes Backblech geben und zugedeckt noch mal 10 Minuten gehen lassen.

5 In der Zwischenzeit in einem großen Topf ausreichend Wasser zum Kochen bringen. Backpulver und 1 TL Melasse einrühren und die Teigkugeln nach und nach jeweils 50 Sekunden pro Seite sieden lassen. Sie sollten frei schwimmen können, also nicht alle auf einmal kochen lassen.

6 Herausnehmen und abtropfen lassen. Backofen auf 220 °C Ober-/Unterhitze (200 °C Umluft) vorheizen. Die Bagels mit dem Eigelb bestreichen und mit Haferflocken bestreuen. 10–15 Minuten backen. Auskühlen lassen und servieren.

SÜSSES
Avocadobrot

FÜR 1 KASTENFORM (30 CM)

- 160 g Fruchtfleisch von 1 reifen Avocado
- 4 Eier (Größe M)
- Salz
- 50 g Kokosblütenzucker
- 80 g Vollrohrzucker
- 1 Pck. Backpulver
- 250 g Dinkelmehl (Type 630)
- 120 g gemahlene Mandeln
- 100 g geschmolzenes Kokosöl
- 100 ml Milch
- einige Tropfen Bittermandelaroma

Außerdem

- Öl zum Einfetten

SO GEHT'S

1 Den Backofen auf 190 °C Ober-/Unterhitze (170 °C Umluft) vorheizen. Die Kastenform mit etwas Öl einfetten.

2 Das Avocadofruchtfleisch mit einer Gabel zerdrücken.

3 Die Eier mit 1 Prise Salz, Kokosblütenzucker und Vollrohrzucker cremig schlagen. Das Avocadomus und alle weiteren Zutaten dazugeben und das Ganze zu einem geschmeidigen und glatten Teig verrühren.

4 Den Rührteig in die vorbereitete Kastenform geben und das Avocadobrot im heißen Ofen (Mitte) 40–45 Minuten backen.

5 Das Brot vor dem Anschneiden komplett auskühlen lassen – im warmen Zustand hat die Avocado nämlich manchmal einen starken Eigengeschmack.

TIPP

Du kannst auch nur Kokosblütenzucker oder Vollrohrzucker verwenden – nimm davon dann 130 g.

IMPRESSUM

Bibliografische Information der Deutschen Bibliothek.

Die Deutsche Bibliothek verzeichnet diese Publikation in der Deutschen Nationalbibliografie.
Detaillierte bibliografische Daten sind im Internet über http://www.dnb.de/ abrufbar.

EIN BUCH DER EDITION MICHAEL FISCHER

1. Auflage 2020

Reihengestaltung: Yvonne Witzan
Satz: Bernadett Linseisen
Redaktion und Lektorat: Lena Buch
Texte und Rezepte: Susanne Schanz: S. 12, 16, 18, 20, 22, 30, 40, 44, 52, 56, 60;
Julia Fodor und Luisa Eckhard: S. 14; Sabrina Sue Daniels: S. 24; Stefanie Hiekmann: S. 26;
Kristina Koch: S. 32, 34, 38; Christina Wiedemann: S. 36, 46; Tanja Dusy: S. 42; Marc Kromer: S. 50, 54;
Mara Hörner: S. 58, 62; Stefanie Javurek: S. 28, 48

Bilder: Susanne Schanz: S. 9, 13, 19, 21, 23, 31, 41, 45, 53, 57, 61; Nadja Buchczik: S. 15, 37, 47;
Sabrina Sue Daniels: S. 25; Stefanie Hiekmann: S. 27; Ulrike Köb: S. 29, 49; Kristina Koch: S. 32, 35, 39;
Klaus Einwanger: S. 43; Marc Kromer: S. 51, 55; Mara Hörner: S. 59, 63

Coverfoto: Victoria Tori Dim/Shutterstock

Texte und Grundlagenteil: Emma Friedrichs: S. 8

ISBN 978-3-7459-0133-7

Gedruckt bei Polygraf Print, Čapajevova 44, 08001 Prešov, Slowakei

www.emf-verlag.de